BEI GRIN MACHT SICH IHR WISSEN BEZAHLT

- Wir veröffentlichen Ihre Hausarbeit, Bachelor- und Masterarbeit
- Ihr eigenes eBook und Buch - weltweit in allen wichtigen Shops
- Verdienen Sie an jedem Verkauf

Jetzt bei www.GRIN.com hochladen und kostenlos publizieren

Wanja von der Felsen

Der Geist in der Kategorie des Lebens bei Helmuth Plessner

GRIN Verlag

Bibliografische Information der Deutschen Nationalbibliothek:

Die Deutsche Bibliothek verzeichnet diese Publikation in der Deutschen Nationalbibliografie; detaillierte bibliografische Daten sind im Internet über http://dnb.d-nb.de/ abrufbar.

Dieses Werk sowie alle darin enthaltenen einzelnen Beiträge und Abbildungen sind urheberrechtlich geschützt. Jede Verwertung, die nicht ausdrücklich vom Urheberrechtsschutz zugelassen ist, bedarf der vorherigen Zustimmung des Verlages. Das gilt insbesondere für Vervielfältigungen, Bearbeitungen, Übersetzungen, Mikroverfilmungen, Auswertungen durch Datenbanken und für die Einspeicherung und Verarbeitung in elektronische Systeme. Alle Rechte, auch die des auszugsweisen Nachdrucks, der fotomechanischen Wiedergabe (einschließlich Mikrokopie) sowie der Auswertung durch Datenbanken oder ähnliche Einrichtungen, vorbehalten.

Impressum:

Copyright © 2013 GRIN Verlag GmbH
Druck und Bindung: Books on Demand GmbH, Norderstedt Germany
ISBN: 978-3-656-46642-0

Dieses Buch bei GRIN:

http://www.grin.com/de/e-book/230714/der-geist-in-der-kategorie-des-lebens-bei-helmuth-plessner

GRIN - Your knowledge has value

Der GRIN Verlag publiziert seit 1998 wissenschaftliche Arbeiten von Studenten, Hochschullehrern und anderen Akademikern als eBook und gedrucktes Buch. Die Verlagswebsite www.grin.com ist die ideale Plattform zur Veröffentlichung von Hausarbeiten, Abschlussarbeiten, wissenschaftlichen Aufsätzen, Dissertationen und Fachbüchern.

Besuchen Sie uns im Internet:

http://www.grin.com/

http://www.facebook.com/grincom

http://www.twitter.com/grin_com

TU Darmstadt, Institut für Philosophie

Der Geist in der Kategorie des Lebens bei Helmuth Plessner

Wanja von der Felsen

Gliederung

1. Einleitung...3
2. Positionalität: Die Kategorie des Lebendigen.......................................5
    2.1. Offene Positionalität..9
    2.2. Geschlossene Positionalität..10
    2.3. Zentrische Positionalität...11
    2.4. Exzentrische Positionalität...13
3. Fazit 16
4. Literatur...21

1. Einleitung

Als Menschen leben wir ganz alltäglich mit dem Phänomen, zugleich einerseits Subjekt unseres Bewusstseins zu sein und andererseits „als Natur, als Ding, als Objekt kausaler Determination"[1] zu erscheinen. Auch in den Humanwissenschaften bestehen die beiden Perspektiven auf den Menschen nebeneinander, gibt es einerseits Messungen, Werte und Modelle von Wirkungszusammenhängen, andererseits das Erleben und die Erfahrung eines Ich. Und doch greifen beide Aspekte ineinander. In „Vom Lachen und vom Weinen" schreibt Helmuth Plessner:

> „Ich gehe mit meinem Bewußtsein spazieren, der Leib ist sein Träger, von dessen jeweiligem Standort der Ausschnitt und die Perspektive des Bewußtseins abhängen; und ich gehe in meinem Bewußtsein spazieren, und der eigene Leib mit seinen Standortveränderungen erscheint als Inhalt seiner Sphäre."[2]

Helmuth Plessner nennt dies den *Doppelaspekt* sowohl des Menschen als auch eines jeden Dinges, das in der Wahrnehmung ein Innen und ein Außen hat. Plessners erklärte Absicht ist es, die Subjekt-Objekt-Trennung in der Wesensbestimmung des Menschen aufzuheben und die Kategorie des Geistes wieder in die Kategorie des Lebens einzufügen.

Ich möchte Helmuth Plessners Forderung aufgreifen, dass die anthropologische Charakterisierung des Menschen weder ausschließlich mit den begrifflichen Instrumenten der Naturwissenschaft, noch nur mit denen der Psychologie oder Bewusstseinsphilosophie erfolgen dürfe. Denn weder eine Konzentration auf die Bewusstseinsvorgänge des Menschen, die seine Gebundenheit an das Körperliche vernachlässigt, noch eine naturwissenschaftliche Herangehensweise, die die Körperlichkeit auf vermessbare, quantitative Größen reduziert, kann dem Menschen gerecht werden. Und da weder der Geist mit Hilfe metaphysischer Kategorien oder eines idealistischen, sich selbst setzenden Ich die Verknüpfung von Physis und Psyche erklären kann, noch andersherum die geistige Dimension durch Biologie, Evolutionstheorie oder auch heute durch die Hirnforschung „naturalisiert" werden kann, versucht Helmuth Plessner eine Perspektive zu entwickeln, die sowohl körperliche als auch geistige Ebene des Menschen zusammenschließt. Als Methode, um die gemeinsame Grundlage hinter den in Metaphysik und Wissenschaft

---

[1] Plessner 1928, S. 40
[2] Plessner 1941, S. 44

getrennten Perspektiven zu finden, wählt Helmuth Plessner eine biophänomenologische Strukturanalyse der menschlichen Lebensform.

Für seine philosophische Anthropologie setzt Plessner an der Eigenschaft des Menschen an, belebt zu sein. Denn diese Eigenschaft führt dazu, dass der Mensch den der Subjekt-Objekt-Trennung zu grunde liegenden Doppelaspekt von Innen und Aussen selbst realisiert. So fragt Plessner zum einen nach der Kategorie des Lebendigen und zum anderen, welche Form der Realisierung des Doppelaspektes und der eigenen *Grenze* den Menschen ausmacht und wie der Geist in seine biologischen Grenzen eingebunden werden kann. Das Phänomen *Leben* gesteht den verschiedenen Lebensformen sowohl physische als auch darüber hinaus dynamische Eigenschaften zu, die nicht nur koexistieren sondern eine gemeinsame Existenz bilden. Das Geistige soll sich also ebenso am Physischen zeigen wie andersherum das Physische am Geistigen. Letztlich will Plessner „die naturgewachsene Existenz des Menschen in der Welt als Organismus in der Reihe der Organismen"[3] einordnen.

Plessners Untersuchung beginnt mit dem oben erwähnten *Doppelaspekt* „des gewöhnlichen Wahrnehmungsdinges", führt über den Begriff der *Grenze* zur Grundkategorie des Lebendigen, der Positionalität. Entsprechend dem phänomenologischen Vorgehen wird Positionalität anhand der Lebensformen bzw. den „Stufen des Organischen" unterschieden, woraus sich aufeinander aufbauend die Kategorien der offenen Positionalität der Pflanze, der zentrischen Positionalität des Tieres und schließlich der exzentrischen Positionalität des Menschen und drei anthropologische Grundgesetze für ihn ergeben. Aus der grundlegenden Eigenschaft belebt zu sein leitet Plessner sowohl Bedingungen der menschliche Verfasstheit als auch eine Perspektive ab, um die Subjekt-Objekt-Trennung zu überwinden und den Menschen als einheitliches Ganzes, als Individuum, zu behandeln. Da es Plessners ausdrückliches Ziel ist, den Menschen als Lebewesen in der Kategorie *Leben* zu verorten, werden in dieser Arbeit in der Kategorie des Lebendigen die auf einander aufbauenden *Stufen des Organischen* genauer betrachtet, aus denen heraus die Kategorie des Menschen erwächst. Was taugt also als Kategorie des Lebendigen, die alle Formen der Lebendigkeit auszeichnet?

---

[3] Plessner 1928, S. 75

2. Positionalität: Die Kategorie des Lebendigen

Da Leben der erlösende Begriff seiner Zeit sein soll wollen wir uns zunächst diesem zentralen Ausgangspunkt widmen. Helmuth Plessner knüpft an das phänomenologische Vorgehen seines Lehrers Edmund Husserl an und beginnt nicht beim wahrnehmenden Subjekt, sondern beim „gewöhnlichen Wahrnehmungsding" und dessen Eigenschaften, dem *Doppelaspekt* und der *Grenze*. Der Doppelaspekt begegnet uns wie eingangs beschrieben sehr anschaulich bereits unmittelbar an uns selbst. Er ist für uns in der Innen- und Außenperspektive erfahrbar, in denen wir ganz alltäglich gleichzeitig sowohl denkend und fühlend unser Innenleben erleben als auch beispielsweise als Patient, vor dem Spiegel stehend oder im sozialem Kontakt unsere Äußerlichkeit wahrnehmen. Innerlichkeit und Äußerlichkeit bilden den Doppelaspekt, wobei der innere Substanzkern der Träger der von außen wahrnehmbaren Merkmale ist, der äußeren Wahrnehmung aber verborgen bleibt. Die wahrnehmbaren und naturwissenschaftlich beschreibbaren Eigenschaften des äußeren Aspektes wie Räumlichkeit, Temperatur, Leitfähigkeit, Dichte, Farbe, Oberflächenstruktur, usw. machen in der Wahrnehmung nur Sinn, wenn sie als Eigenschaften von einem „etwas" wahrgenommen werden können.[4] Dieses „etwas" bildet den inneren Aspekt, den von außen nicht wahrnehmbaren Substanzkern. Plessner spricht hier auch von der „Kernhaftigkeit der Dinglichkeit"[5]. Der Doppelaspekt betrifft also ebenso wie Menschen jedes andere abgegrenzte, als Einheit wahrnehmbare Ding. Der Doppelaspekt ist also Belebtem wie Unbelebtem zu eigen und kein Merkmal des Lebendigen. Er führt lediglich die Unterscheidung von Innen und Außen ein, deren Umsetzung dann für das Lebendige konstitutiv wird.

Dinglichkeit und die Unterscheidung in Innen und Außen erfordern ein trennendes, das Ding zu einer Einheit abschließendes Element. Dieses Element findet Plessner in der *Grenze*. „Anschauliche Grenzen liegen bei allen Dingkörpern da, wo sie anfangen oder zu Ende sind. Die Grenze des Dinges ist sein Rand, mit dem es an etwas anderes, als es selbst ist, stößt."[6] Hier unterscheidet Plessner allerdings grundlegend und auch begrifflich zwischen dem *Rand* eines unbelebten und der *Grenze* eines belebten Dinges. Der Unterschied zwischen unbelebten und belebten Dingen besteht darin, ob diese Grenze als konstitutives Element zum Ding gehört

---
[4] Losgelöste Wahrnehmung kann man sich vielleicht am ehesten am Beispiel eines latenten Gefühls während eines Traumes vorstellen, das objektlos in die Traumwelt transzendiert ist (und nicht mehr intersubjektiv geteilt werden kann).
[5] Plessner 1928, S. 150
[6] Plessner 1928, S. 151

oder nicht – und dies ist nur bei belebten Dingen der Fall. Ein unbelebter, anorganischer Körper ist, soweit er reicht und dort endet er auch schlichtweg. Belebte, organische Körper hingegen, die nur mit ihrer Grenze existieren können, so wie bereits die Zelle ihre unverletzte Membran zum leben braucht, schließen ihre Grenze als Eigenschaft und Teil ihrer Lebensform ein. „Der physische Rand wird zur Grenze, insofern er als Aspekt erscheint und über seine physische Realität hinausgehend auf etwas verweist, was er verkörpert."[7] Die Grenze eines belebten Dinges verweist auf ein Innen, das sie nach außen verkörpert. Sie gehört zum Organismus, schließt ihn zu einer ganzheitlichen Einheit ab und gibt ihm seine körperliche Ausprägung, seine Gestalt. Hier bietet Plessner bewusst Anschluss für die Gestalttheorie, ohne jedoch weiter darauf einzugehen. Denn die Kategorie des Lebendigen speist sich nicht aus der Gestalt, sondern aus dem Verhalten zur Grenze, und Verhalten ist immer ein Überschuss über das Gestaltmäßige in Form von Sinn, Beobachtung oder Interpretation. Das Verhalten gestaltet sich analog zum Doppelaspekt in einer gleichzeitigen Wechselwirkung der aufeinander gerichteten Aspekte Außen und Innen. So stehen Lebewesen einerseits passiv in einer Beziehung zum auf sie wirkenden Raum um sie herum, andererseits setzen sich auch in ein Verhältnis zu ihm, dementsprechend sie auf ihn einwirken können. Aber der Reihe nach, denn um ein Bezogensein von Ding und Umwelt zu beschreiben, muss eine grundlegende Eigenschaft belebter Körper geklärt werden. Denn die Grenze schließt das Ding nicht nur zu einem räumlich von der Umwelt differenzierbaren Ganzen zusammen, sondern sie verortet den Vollzug der qualitativen Unterscheidung zwischen Innen und Außen im Körper.

> „Besteht das Wesen der Grenze im Unterschied zur Begrenzung darin, mehr als die bloße Gewährleistung des Übergehens zu sein, nämlich das Übergehen selbst, so muß ein Ding, welchem Reich des Seins es auch zuzurechnen sei, wenn es die Grenze selbst hat, dieses Übergehen selbst haben."[8]

Halten wir fest, dass der qualitative Übergang von Subjekt zu Umwelt in der Grenze und dem Körper, dessen elementarer Bestandteil sie ist, selbst ist.[9] Der Doppelaspekt, der beim unbelebten Ding lediglich dessen Erscheinung bedingt ohne selbst sichtbar zu werden, wird am belebten Körper in Form der Grenze

---

[7] Haucke, S. 66
[8] Plessner 1928, S. 127
[9] In den *Stufen des Organischen* bezieht sich Plessner zwar nicht explizit auf Hegel, doch in diesem Punkt erinnert sein Begriff der Grenze an Hegels idealistische Bestimmung als zugleich verbindendes und trennendes Element.

wahrnehmbar. Zum anderen halten wir fest, dass dieser Übergang nicht nur im Verhältnis der Grenze nach außen besteht, sondern auch im Verhältnis der Grenze nach innen. Der belebte Körper steht also nicht nur in einem Verhältnis zur Umwelt, sondern auch zu sich selbst. In den Worten Plessners ist er (nach außen) über sich hinaus und (nach innen) sich entgegen.[10]

> „Die von Plessner bereits auf der Stufe des unbelebten Wahrnehmungsdings festgestellte Aspekt- bzw. Richtungsdivergenz zwischen einem nicht erscheinenden Innen bzw. dem Substanzkern und dem erscheinenden Außen bzw. den Eigenschaften wird verdoppelt, wenn es sich um lebendige Körper handelt: sie erscheint als Eigenschaft des Körpers. Der Körper reicht dieser Überlegung folgend weiter, als er rein physisch gesehen reicht, er geht weiter, als seine Konturen reichen, er geht in das ihn umgebende Medium über."[11]

Wichtig ist an dieser Stelle aber auch zu beachten, dass dementsprechend die Umwelt ebenso in den Körper hinein reicht. Und hier nun kommt die Positionalität als das Verhältnis eines lebendigen Körpers zu seiner Grenze ins Spiel.[12] „Positional sind Dinge, die in und gegen ein Umgebungsfeld gesetzt sind, in eine Lage gestellt, zu der sie präreflexiv Stellung beziehen müssen."[13] Mit der Kennzeichnung *Positionalität* für lebende Dinge ist die *Position* bereits mit angesprochen. *Positional* bezeichnet eine Eigenschaft des Körpers über seine Position hinaus. Etwas, das in Raum und Zeit ist, behauptet sich als Raum, und als Zeit. Der lebende Körper hat in seiner Positionalität eine grenzrealisierende Eigenräumlichkeit und Eigenzeitlichkeit. Die Grenze verbindet das Subjekt mit seiner Umgebung, die Plessner als *Positionsfeld* bezeichnet. Welche Beziehung Körper und Positionsfeld eingehen hängt davon ab, wie sie zu einander gestellt sind.

Es reicht freilich nicht, das Verhältnis zur Umwelt logisch zu beschreiben, sondern es muss dem Körper mit seinen physischen Mitteln real möglich sein. „Ganzheit ist vermittelte Einheit. Wodurch vermittelt? Durch die Teile, welche die Einheit unmittelbar bilden."[14] Plessners Analyse verweist zwar auf den stufenweisen Aufbau von Organellen, Zellen, Gewebe, Organen, Kreisläufen bis hin zum Organismus als

---
[10] Plessner 1928, S. 127
[11] Jäger, S. 120
[12] Fischer, S. 70
[13] Plessner 1928
[14] Plessner 1928, S. 187

aufeinander aufbauende Funktionskreise, formuliert dieses Prinzip des Körpers jedoch lediglich auf Ebene der Organe:

> „In seinen Organen geht der lebendige Körper aus ihm heraus und zu ihm zurück, sofern die Organe offen sind und einen Funktionskreis mit dem bilden, dem sie sich öffnen. Offen sind die Organe gegenüber dem Positionsfeld. So entsteht der Kreis des Lebens, dessen eine Hälfte vom Organismus, dessen andere vom Positionsfeld gebildet wird."[15]

Der Körper kann dabei auf verschiedene Weisen im Lebenskreis positioniert sein, wodurch sich jeweils unterschiedliche Positionsfelder ergeben. Positionalität als die Eigenschaft, positioniert zu sein, benennt Plessner als „Gesetzt- oder Gestelltheit des lebendigen Körpers."[16] Im Gegensatz zu einem sich selbst setzenden Ich des Idealismus führt Plessner hier eine unbekannte, dem Ich vorgreifende Instanz ein, die das Subjekt setzt.

An dieser Stelle möchte ich kurz auf Helmuth Plessners Verständnis von *Leben* eingehen. Er benennt Leben als den erlösenden Begriff seiner Zeit, doch er geht nicht lebensphilosophisch von Leben als Entität aus, sondern phänomenologisch von den wahrnehmbaren Dingen her vor. Und so spricht er, wenn er Positionalität als Verhältnis zur Grenze einführt, nicht von Leben an sich, sondern von belebten Körpern.

> „Die Schicht des Verhaltens ist überall da gegeben, wo der lebendige Körper in seiner Haltung einen ... Bezug zur Umwelt äußert, wo also zum Habitus des Organismus die Möglichkeit einer variierbaren Einstellung auf die Umwelt gehört."[17]

Leben wird nicht als ein die Dinge umgebendes oder belebendes Element, sondern als inhärente Eigenschaft des belebten Dinges behandelt. Leben und der Lebensprozess des Werdens existiert ebenso wie die Grenze als Eigenschaft des Dinges in den Wesensgrenzen der Dinglichkeit. Gleiches gilt somit auch für die Positionalität, wie Plessner später expliziert: „Der Körper selbst ist das lebendige Ding, das Ding mit der Eigenschaft der Positionalität, das Ding in ihm selber, zu dessen Struktur die Gegenwart der Einheit in jedem seiner Teile gehört."[18] In diesem Ansatz formt nicht eine fremde Macht die Dinge, sondern das Ding selbst verändert sich und wird etwas unter der Bedingung seiner Subjektivität. Subjektivität ist

---

[15] Plessner 1928, S. 192
[16] Plessner 1928, S. 129
[17] Plessner 1948, S. 114
[18] Plessner 1928, S. 187

sozusagen die dynamische Form des Dinges, die Bedingung der Möglichkeit des Prozesses. Daraus schließt Plessner, dass zum prozesshaften Wandel eines Dinges, dem nahtlosen Übergehen der Form bei Beibehaltung des Subjektes, gehört, dass jede „organische Form wesensnotwendig Gestalt von einem bestimmten Typus, Ausprägung einer konkret in individueller Gestalt anschaubaren Formidee"[19] ist. „Als solche ist sie dynamische Form, in der das körperliche Ding die Grenze an ihm verwirklicht."[20] Jeder Typus hat seine Formgesetze, nach denen ein Subjekt durch die Verwirklichung seiner Grenzen variable Formen der typischen Formidee ausprägen kann. Das einzelne Individuum kann nun in seiner Ausprägung empirisch als Phänotyp erklärt werden, „Typizität, Stufung der organischen Welt sind dagegen wesensnotwendige Modi, nach denen Leben (als Verwirklichung der Grenze eines physischen Dinges) allein physische Realität gewinnt."[21] Wenn Positionalität keine Bedingung a priori, sondern eine den belebten Körpern der Subjekte innewohnende Eigenschaft ist, muss sie ebenso gestuft und typisierbar sein wie die verschiedenen Subjekt-Typen. Also welche Formen der Positionalität gibt es und wie viele?

2.1. Offene Positionalität

Die erste Stufe der Grenzrealisierung beobachtet Plessner an der Organisationsform der Pflanze, deren Organe direkt nach außen auf das umgebende Medium gerichtet sind. „Offen ist die Form, welche den Organismus in allen seinen Lebensäußerungen unmittelbar seiner Umgebung eingliedert und ihn zum unselbständigen Abschnitt des ihm entsprechenden Lebenskreises macht."[22] Wieso sich der pflanzliche Organismus unmittelbar in seine Umgebung eingliedert und sich nicht selbständig zu ihm verhalten kann, erklärt Plessner so:

> „Da die formbildenden Flächen ausnahmslos am Stoffwechsel beteiligt sind, wie ihn der die Zufuhr anorganischer und organischer Substanzen und des Sonnenlichts besorgende direkte Kontakt des Leibes mit dem Medium bedingt, so fällt jede Differenzierung der Gewebe in Freß-, Verdauungs- und Exkretionsorgane fort. Eine Verteilung der Stoffwechseletappen erübrigt sich. Auch hier ist die Pflanze „weder Kern noch Schale, alles ist sie mit einem Male"."[23]

---

[19] Plessner 1928, S. 136
[20] Plessner 1928, S. 136
[21] Plessner 1928, S. 137
[22] Plessner 1928, S. 219
[23] Plessner 1928, S. 222 f.

Die direkt auf das umgebende Medium gerichteten Organe sind darin eingebunden und unterliegen durch den

> „Mangel an Ortsbewegung ... in ihren größtenteils rhythmisch ablaufenden Prozessen restlos den durch das Medium und die Eigenveränderungen des funktionell eingepaßten Körpers gegebenen Bedingungen."[24]

In dieser Organisationsform werden entweder von außen oder durch „Eigenveränderung" der Organe Prozesse und Bewegungen am Körper vollzogen. Die Organe interagieren zwar und bilden auch eine gemeinsame Grenze, zu der sie sich als Organismus verhalten, aber ein aktives Verhalten zur Umwelt ist schon deshalb nicht möglich, weil den Organen eine Instanz fehlt, um einander von der Umwelt zu unterscheiden. So bleiben sie „unselbständiger Abschnitt" ihres Lebenskreises.[25]

2.2. Geschlossene Positionalität

Organismen mit Eigenräumlichkeit und Eigenzeitlichkeit, die in ihrem Lebenskreis ihrem Positionsfeld als eigenständiger Abschnitt entgegen gestellt sind und sich aktiv zu ihm verhalten können, nennt Plessner geschlossen positionalisiert. Veranschaulicht wird dies durch einen eigenen Kreislauf der Organe, der einen von der Umwelt getrennten Stoffwechsel mit Nahrungsaufnahme, Verdauung und Ausscheidung vollzieht. Die geschlossene Organisationsform unterteilt sich weiter in drei auf einander aufbauende Kategorien: dezentrale, zentrische und exzentrische Positionalität. Für den Aufbau der exzentrischen Positionalität ist die Kategorie der dezentralen Positionalität meines Erachtens wenig relevant, daher nur eine kurze Beschreibung:

Die dezentrale Positionalität entspricht tierischen Lebewesen, die zwar Nerven und funktional differenzierte Organe, aber kein zentrales Nervensystem besitzen, so zum Beispiel Seesterne oder Seeigel.[26] Die empirische Unterscheidung formuliert Plessner mitunter fließend:

---

[24] Plessner 1928, S. 223
[25] Ob und inwiefern Pflanzen selbständiges Verhalten möglich ist, ist allerdings weiter zu hinterfragen. Eine funktionelle Differenzierung findet sich beispielsweise bei Karnivoren, die sich neben Photosynthese auch von Beute ernähren, die sie verdauen (http://de.wikipedia.org/wiki/karnivoren). Möglicherweise würde Plessner solche Organismen eher als dezentral positioniert einordnen.
[26] Plessner 1928, S. 316

> „Der allgemeine Unterschied zwischen pflanzlichem und tierischem Stoffwechsel zeigt sich in der nur graduellen Differenz zwischen überwiegender Assimilation, schwacher Wärmebildung und Sauerstoffausscheidung bei der Pflanze und überwiegender Dissimilation, lebhafter Wärmebildung und Kohlensäureausscheidung beim Tier."[27]

Passend zu Plessners Kategorie der dezentralen Positionalität ist inzwischen in der Biologie eine Klassifizierung zwischen Pflanze und Tier entstanden. Nachdem Pilze und Algen wegen ihrer scheinbar sesshaften Lebensweise lange dem Reich der Pflanzen zugeordnet wurden, gelten sie heute aufgrund ihrer physiologischen und genetischen Eigenschaften als eigenes Reich und enger mit Tieren als Pflanzen verwandt. Einerseits haben sie wie Pflanzen unbelebte Zellwände, wenn auch aus Chitin wie bei tierischen Exoskeletten. Andererseits ernähren sie sich wie Tiere von organischen Nährstoffen ihrer Umgebung statt durch Photosynthese. Darüber hinaus können sie sich als zusammenhängende Kulturen in gewissem Maße fortbewegen.

2.3. Zentrische Positionalität

Ein Organismus, der ein zentrales Nervensystem (nachfolgend ZNS genannt) oder sogar Gehirn aufweist, verhält sich nach Plessner notwendigerweise auf eine eigene Weise zu seiner Grenze. Denn die Organe, die wie Pflanzen eine offene Organisationsform mitbringen, verhalten sich nun nicht direkt zum Umfeld, sondern zum ZNS, in dem sie repräsentiert sind, gesteuert werden und sich somit auch zueinander verhalten können. Die Repräsentation der Organe im ZNS macht es dem Organismus zum einen möglich, zwischen den eigenen Organen und der Umwelt zu unterscheiden. Zum anderen existiert damit eine „Einheit des Körpers"[28], mit der und durch die sich der Organismus auf die Welt ausrichten kann. Die Zuordnung von Reiz und Reaktion findet nun im Subjekt statt, die eine Eigenräumlichkeit und Eigenzeitlichkeit erlaubt. Dadurch führt die zentrische Positionalität als Vorstufe der menschlichen Lebensform einen wichtigen Aspekt ein: Der Körper wird zum Leib.

> „Er [der Organismus] ist die über die einheitliche Repräsentation der Glieder vermittelte Einheit des Körpers, welcher eben dadurch von der zentralen Repräsentation abhängt. Sein Körper ist sein *Leib* geworden, jene konkrete Mitte, dadurch das Lebenssubjekt mit dem

---
[27] Plessner 1928, S. 222
[28] Plessner 1928, S. 296

> *Umfeld* zusammenhängt. ... Auf diese Weise bekommt die Mitte, der Kern, das Selbst oder das Subjekt des Habens bei vollkommener Bindung an den Körper Distanz zu ihm. Obwohl rein intensives Moment der Positionalität des Körpers, wird die Mitte von ihm abgehoben, wird er ihr Leib, den sie hat."[29]

Hier führt Plessner über die physiologischen Merkmale hinaus erstmals das ein, was er ein „Subjekt des Habens" nennt. Die Repräsentation der Organe ist hier sozusagen die physiologische Bedingung der Möglichkeit eines Subjektes, das sich darüber definiert, nicht nur physischer Körper zu sein, sondern diesen Körper zu „haben". Mit der Formulierung, die Mitte des Körpers werde von ihm abgehoben, führt Plessner die Grundidee der Positionalität fort, dass ein Lebewesen durch seine Organisationsform in ein Verhältnis zu seiner Umwelt gesetzt bzw. gestellt ist.

> „[Das Lebewesen] steht nicht mehr direkt mit dem Medium und den Dingen um ihn herum in Kontakt, sondern lediglich mittels seines Körpers. Der Körper ist die Zwischenschicht zwischen dem Lebendigen und dem Medium geworden. [...] Das Lebewesen grenzt mit seinem Körper an das Medium, hat eine Realität 'im' Körper, 'hinter' dem Körper gewonnen."[30]

In seinem Leib als Ursprung der Umweltbeziehung ist das Tier sozusagen in den Doppelaspekt hinein gesetzt, „es wirkt mit seinem Leib auf die Umwelt ein und spürt mit seinem Leib, wie die Umwelt auf es selbst einwirkt."[31] In dieser Form des Verhältnisses zur Grenze ist der Organismus in seinem Zentrum seinem Positionsfeld frontal gegenüber gestellt. Körper und Leib stehen unvermittelt zusammen und ermöglichen die totale Konvergenz des Lebewesens mit dem „Hier-Jetzt"[32]. Diese Organisationsform nennt Plessner zentrisch, weil ein Tier zwar aus dem eigenen psychophysischen Aktionszentrum des Leibes heraus, „aus seiner Mitte heraus, in seine Mitte hinein, aber nichts als Mitte"[33] lebt. Das Tier vollzieht auf instinktive Weise seine Positionalität selbst und kann Umwelteinflüssen triebhaft und willentlich entgegenwirken. Die Unterscheidung zwischen seinem Körper und der Umwelt ist sozusagen die erste Form eines Bewusstseins, das allerdings lediglich die Informationen seiner Organe und Umwelt trägt. So kann es Hunger und Durst, Schmerz, Müdigkeit oder sexuelles Verlangen wahrnehmen und sich instinktiv oder

---

[29] Plessner 1928, S. 296 f.
[30] Plessner 1928, S. 296 f.
[31] Jäger, S. 125
[32] Plessner 1928, S. 296
[33] Plessner 1928, S. 297

triebhaft dazu verhalten. Auch soziale Bedürfnisse und Organisation von Tieren verhandelt Plessner auf instinktiver Ebene. Ein eigener Wille ist in der zentrischen Positionalität nicht angelegt, da das Zentrum sich selbst verborgen bleibt. Was die zentrische Positionalität gegenüber der offenen oder dezentralen Organisationsform allerdings mitbringt ist, dass der Organismus nicht nur lebt, sondern darüber hinaus sein Leben eigenständig und intentional erlebt. Plessner lässt in den *Stufen des Organischen* offen, wie sich die instinktive Intention des Organismus gestaltet, worauf sie gerichtet ist und inwiefern der Kategorie Leben eine intentionale Dimension zu kommt. Was in den *Stufen des Organischen* auf Ebene der zentrischen Positionalität ebenfalls zunächst ausgeklammert bleibt und von Plessner erst in *Lachen und Weinen* thematisiert wird, ist ein auch für den Menschen fundamentaler Vermittler zwischen Subjekt und Leben: Die Intuition und Emotionalität. In der Realität ihres Leibes erleben Organismen ihr Leben emotional, passen ihr Verhalten daran an und können Verhalten und Habitus erlernen. Das Tier ist nicht seiner Umwelt ausgeliefert, sondern kann auf Reize reagieren und sein Positionsfeld beeinflussen. Die Grenze zu der sich der Organismus verhält verläuft nun zwischen der „Einheit des Körpers" und dem Positionsfeld, dem es frontal gegenüber gestellt ist.

2.4. Exzentrische Positionalität

Auch dem Mensch ist in seinen Organen die offene und als Leib die zentrische Organisationsform zu eigen. Sein intentionales und emotionales Erleben ist weiterhin an das leibliche „Hier-Jetzt" gebunden. Aber darüber hinaus ist es ihm in einer mentalen Repräsentation auch *bewusst* geworden. Der Mensch besitzt nicht nur Objekt- und Gegenstandsbewusstsein, sondern darüber hinaus ein Selbstbewusstsein.

> „Während sich an der Pflanze die Positionalität nur ereignet und das Tier sie nur vollzieht, entwickelt der Mensch eine (reflexive) Distanz zu ihr. [...] Nur der Mensch besitzt eine reflexive Form des Bewußtseins, die ihm eine Distanz zu sich selbst und seinem Verhalten erschließt."[34]

Wie der in sich repräsentierte Körper eine Zwischenschicht und eigene Realität zwischen Leben und Positionsfeld bildet, so bildet das Bewusstsein eine weitere

---

[34] Meuter, S. 104 ff.

Zwischenschicht und Realität. Was als *verborgene Mitte* der frontal gegen die Umwelt gestellten tierischen Leibexistenz entzogen bleibt, wird dem Menschen in einem reflexiven Schritt selbst zum Gegenstand. Er „ist in das in die eigene Mitte hineingesetzt sein gesetzt."[35] Aus subjektiver Perspektive beschreibt Plessners die Stufung von Pflanze über Tier zum Mensch mit „er lebt und erlebt nicht nur, sondern er erlebt sein Erleben."[36] Im Unterschied zum Tier, das sich in der zentrischen Position befindet und die Umwelt als konzentrisch auf das leibliche Selbst organisiert erfährt, sind Menschen aus diesem direkten Umweltbezug herausgesetzt. Seine Wahrnehmung ist nun nicht mehr durch seinen Leib vermittelt frontal auf sein Positionsfeld gerichtet, sondern zusätzlich durch sein Bewusstsein vermittelt, in dem sich der Doppelaspekt dem Subjekt selbst zeigt. Im Bewusstsein wird der Doppelaspekt des lebendigen Leibseins und des dinglichen Körperhabens für das Subjekt erfahrbar und sogar konstitutiv.

Im Lebenskreis findet das reflexive Subjekt nun nicht nur ein Positionsfeld, sondern auch eben jene als „Ich" benennbare Selbstrepräsentation vor, mit der es in wechselseitiger Beziehung steht. Die bewusste Repräsentation seiner Selbst ist keine aktive Distanznahme im Sinne einer intentionalen Handlung, sondern ein unauflösbares „gestellt sein" in seinem Lebenskreis. Die Kategorie der exzentrischen Positionalität verweist auf einen „'hinter sich' liegenden Fluchtpunkt der eigenen Innerlichkeit"[37], nämlich „der nicht mehr objektivierbare, nicht mehr in Gegenstandsstellung zu rückende Subjektpol."[38] So versteht sich das Wahrnehmungssubjekt in zweifacher Bedeutung:

> „1. des Körpers mit seinen Sinnesorganen, von deren Intaktheit erfahrungsgemäß das Zustandekommen der Wahrnehmung abhängt, und 2. des Ichs, von dessen Aufmerksamkeitsspannung und Triebrichtung das Auftreten der Wahrnehmung nicht weniger abhängig ist."[39]

Aber ebenso wie der Leib sich nicht vom Körper löst, lässt sich auch das Bewusstsein nicht vom Erleben trennen. Es ist, mit Plessners Worten, „von ihm abgehoben"[40]. Exzentrizität heißt nicht, sich außerhalb des zentrischen „Hier-Jetzt" seiner selbst zu bewegen – man kann sich beim Perspektivieren stets nur in ein

---

[35] Plessner 1928, S. 290
[36] Plessner 1928, S. 364
[37] Plessner 1928, S. 290
[38] Plessner 1928, S. 290
[39] Plessner 1948, S. 112
[40] Plessner 1928, S. 297.

Bestimmtes Verhältnis zu sich selbst setzen, bleibt aber stets selbst als konkreter Bezugspunkt zu *einer* bestimmten Zeit an *einem* bestimmten Ort und kann nicht losgelöst in die Welt transzendieren. Und dennoch, das seiner selbst bewusst gewordene Subjekt kann sich nicht nur zu seiner Umwelt und zu seinem Körper, sondern auch zu seinem in Gedanken und Gefühlen repräsentierten Ich verhalten. Auf der einen Seite ist die Beziehung zum Leben durch die mehreren Ebenen der Körperlichkeit, des Leibes und des Bewusstseins reichhaltiger als in den vorhergehenden Positionalitätsformen. Auf der anderen Seite fehlt aber eine direkte Bindung zum Leben, da der Kontakt zum Leben nun mehrfach vermittelt ist. Der Mensch ist auf entscheidende Weise aus der Vorangepasstheit an seine Umwelt herausgehoben. Plessner beschreibt die Konsequenz:

> „Ihm ist der Umschlag vom Sein innerhalb des eigenen Leibes zum Sein außerhalb des Leibes ein unaufhebbarer Doppelaspekt der Existenz, ein wirklicher Bruch seiner Natur. Er lebt diesseits und jenseits des Bruches, als Seele und als Körper *und* als die psychophysisch neutrale Einheit dieser Sphären. […] Sie ist der Bruch, der Hiatus, das leere Hindurch der Vermittlung, die für den Lebendigen selber dem absoluten Doppelaspekt und Doppelcharakter von Körperleib und Seele gleichkommt, in der er lebt."[41]

Oder etwas poetisch: Das Mensch genannte Ding sei „diesseits und jenseits der Kluft, gebunden im Körper, gebunden in der Seele und zugleich nirgends, ortlos außer aller Bindung von Raum und Zeit und so ist es Mensch." Plessner situiert die menschliche Lebensform im qualitativen Übergang zu einer Seinsposition, der die Differenz zwischen Leib und Körper, zwischen einer Kontaktoberfläche zur Welt und einem „Subjekt des Habens", ihrerseits noch einmal gegeben ist. Diese Differenz bildet den Raum für eine weitere Realität der Imagination, in der der das Subjekt etwas über das „Hier-Jetzt" hinaus ist. Denn das reflexive Subjekt gestaltet sein Verhältnis zum Positionsfeld nicht nur durch verändern seines Positionsfeldes, sondern auch dadurch, sein Ich zu verändern. Die leibliche Bindung an das „Hier-Jetzt" schränkt dabei insofern ein, als das Subjekt immer nur zu einer Epoche in einer materiellen und kulturellen Umgebung lebt und von verschiedenen Möglichkeiten immer ein Verhalten wählen muss. So ist er

> „Angestellter oder Arzt, Politiker oder Kaufmann, […] Ehemann oder Junggeselle, […], Angehöriger seiner Generation und seines Volkes"

---
[41] Plessner 1928, S. 365

und „doch immer »mehr« als das, eine Möglichkeit, die sich in solchen Daseinsweisen nicht erschöpft und darin nicht aufgeht."[42]

Anders als beim Tier, das tatsächlich an ein Ende kommt, sich ohne es zu ahnen im wörtlichen Sinne auslebt, ist die endliche Leiblichkeit des Menschen in eine Unendlichkeit über die Gegebenheiten der Umwelt hinaus verschränkt. Menschen erleben sich in einer „Differenz eingespielt zwischen dem, was ist und dem, was sie wollen und wünschen, wovon sie überzeugt sind oder worauf sie aus sind"[43], woraus für uns folgt „immer auch *über* uns selbst – als Differenz bestimmte Wesen – zu stehen."[44] Der Mensch ist jedoch nicht zwingend jederzeit exzentrisch positionalisiert, wie Plessner an Beispielen wie Lachen und Weinen zeigt. Auch in Momenten der Selbstvergessenheit oder Hyperinklusion wie sie heute z.B. in Meditationsarten und Flow-Erleben untersucht werden, kann der Doppelaspekt aus dem Bewusstsein verschwinden und der Mensch die zentrische Position erleben.[45]

3. Fazit

Zunächst hat Plessner eine „a priorische Theorie der organischen Wesensmerkmale"[46] angelegt, in der Positionalität die verbindende Kategorie alles Lebendigen ist. Diese hat er anhand organischer Kriterien in eine logische Stufenfolge differenziert, die über die physiologischen Kriterien hinaus ein Körperbewusstsein des Leibes und ein Selbstbewusstsein eines Ich als jeweils eigene Schichten mit einander in der Einheit des belebten Dinges verbindet. Plessners Analyse der Lebensformen zeichnet eine Analogie von Biologie und Subjektivität: Die Formen der Positionalität bauen aufeinander auf wie biologische Funktionskreise. Um in der Begrifflichkeit der Kategorie Leben zu bleiben könnte man sagen: Wie aus organischer Materie funktionierende Zellen bis hin zu einem Organismus mit einem Erleben und sogar Bewusstsein werden, so wachsen aus der grundlegenden Eigenschaft belebt zu sein für die verschiedenen Organisationsformen je entsprechende Formen der Subjektivität.

---

[42] Plessner 1961, S. 58
[43] Gamm 2004, S. 28
[44] Gamm 2004, S. 29
[45] Csikszentmihalyi, S. 5: „Flow lifts experience from the ordinary to the optimal, and it is in those moments that we feel truly alive and in time with what we are doing … it is a state of consciousness where one becomes totally absorbed in what one is doing … where mind and body are working together effortlessly."
[46] Plessner 1928, S. 158

Helmuth Plessner führt Positionalität als Umkehrung des Schlüsselbegriffes des Deutschen Idealismus ein: Statt dem Setzen eines sich selbst behauptenden Bewusstseins verwendet er Gesetztsein als Grundlage der Wesensbeschreibung. Und dies nicht nur für Menschen, sondern für Lebewesen gleichermaßen. Plessner vollzieht damit eine Wende vom Idealismus, der den Akt des Setzens als die konstitutive Leistung des Subjektes verwendet, hin zur Naturphilosophie, in der das Subjekt bereits gesetzt ist und sich realisiert. Während im idealistischen Ansatz ein sich in der Behauptung von etwas behauptendes und setzendes Bewusstsein das Zentrum bildet (als geistige Leistung der Position in Umkehrung zur Negation), sind in Plessners Ansatz Lebewesen ebenso wie Phänomene in sich zur Behauptung hin- und ausgesetzt. Mit der Kategorie der Positionalität führt Plessner statt dem sich selbst setzenden „Ich" des Idealismus ein setzendes „Es" ein. Inwiefern das Leben, das Plessner stets als Eigenschaft statt als ontologische Entität behandelt, als dieses setzende Moment herhalten muss, lässt er offen. Wenn auch nicht die Autodynamik des Bewusstseins, so teilt Plessners Ansatz doch die Autonomie des Bewusstseins. Auch den Leib, der sich ebenso wenig aus seinen organischen Bestandteilen und Bedingungen erklären lässt wie die Emergenzen der darunter liegenden Funktionskreise, nimmt Plessner explizit von der phänomenologischen Erschließung aus. Vielmehr nennt er das Leibsein und das Bewusstsein eine jeweils eigene Realität[47] in der Kategorie des Lebens.

Gleichwohl ist der phänomenologische Doppelaspekt des Dinges der Ausgangspunkt seiner philosophischen Anthropologie. Er bildet den Rahmen der Möglichkeiten, in dem sich Dinge zu ihrer Grenze verhalten können. Die Stufen des Organischen kann man auch als eine Eigenschaftssammlung lesen, die bei der Pflanze beginnt mit der grundlegenden Eigenschaft belebt zu sein. Diese Eigenschaft bringt den Menschen in die Lage, seine Grenze selbst zu realisieren. Die Eigenschaften des Leibseins und Bewusstseins geben dem Menschen in der Realität des Lebendigen, in die er mit seiner physischen und leiblichen Grenze hinein gesetzt ist, weitere Realitäten, mit denen er seine Grenze von innen und sogar von aussen realisieren und ausleben kann. Kurz zusammengefasst könnte man sagen: Offen zu ihrer Umwelt positionalisierte Organismen verhalten sich nicht zu ihrer Grenze, ihre Grenze lebt ihnen was vor. Zentrisch positionalisierte und frontal gegen die Umwelt gestellte Organismen realisieren ihre Grenze durch Verhalten nach Außen. Exzentrisch

---

[47] Ebenso wie der Leib nicht „ist" sondern durch seinen Vollzug „lebt", so existiert das Bewusstsein nur durch seinen Vollzug von Eigenräumlichkeit und Eigenzeitlichkeit – „lebt" es?

positionalisierte Organismen wie Menschen realisieren ihre Grenzen durch Verhalten nach Außen und nach Innen. In dieser Organisationsform mit zwei Abstraktionsebenen (Leib und Bewusstsein mit jeweils eigener Räumlichkeit und Zeitlichkeit) zwischen Leben und Subjekt sind beide Aspekte des Innen und Aussen im Subjekt repräsentiert. Das Ich bildet die „gegenseitige Gegebenheit des Körperleibes und der anderen Objekte ausserhalb des Leibes."[48] Plessner etabliert das Bewusstsein als verbindendes Element von Äußerlichkeit und Innerlichkeit insofern ähnlich wie Kant in seiner transzendentalen Deduktion die höchsten Einheit aller Wahrnehmungen (das Ich) als Bedingung der Möglichkeit für den Zusammenhang des Mannigfaltigen (das Bewusstsein) formuliert.[49]

Indem Plessner mit getrennten, ineinander sitzenden Schichten operiert, wehrt sich Plessner gegen Ansätze, die den Körperleib nach einem Schema der Reizleitung wegen seiner für die Wahrnehmung notwendigen Sinnesorgane als Vermittler zwischen Subjekt und Objekt stellen, als wären Subjekt und Objekt hintereinander geschaltet und Körperleib und Ich ineinander geschachtelt.

> „Anstelle der Hintereinanderschaltung [...] muß eine Zwischenschaltung des Ichs zwischen das Objekt und den Körperleib treten. Dann ist das Ich nicht der Endpol einer aus Reiz und Erregung gekoppelten Kette, sondern die räumlich nicht lokalisierbare, darum mit dem Charakter des reinen „Hier" ausgezeichnete Sphäre der gegenseitigen [...] Gegebenheit des Körperleibes und der anderen Objekte außerhalb des Leibes."[50]

An der Grenze des belebten Dinges findet immer die gleichzeitige Wirkung von Außen auf Innen und andersherum von Innen nach Außen statt. In seiner physischen Verfasstheit erfährt der Mensch die Einwirkung von Außen auf seinen Körper, z.B. den Druck eines Windes oder den Wasserverlust durch Hitze. Seine Physis erlebt er nicht - sie lebt und er erfährt sie in dem Sinne, dass sie ihm widerfährt und er der Wechselwirkung ausgesetzt ist. Auch wie sein Körper physisch auf die Umwelt einwirkt, wenn er z.B. eine Vase umstößt, ist dem Körper erstmal nicht gewahr, er vollzieht lediglich den Kontakt. Den Bezug von Innen und Außen erfährt der Mensch in seinem Leib, der innere und äußere Sinneseindrücke im ZNS zu einem kohärenten Erleben verbindet, so dass z.B. das Gefühl von taktilem Druck mit der visuellen Wahrnehmung eines sich dann bewegenden Gegenstandes in Verbindung

---

[48] Plessner 1948, S. 113
[49] Kant, S. 134 / B 134 ff.
[50] Plessner 1948, S. 113

gebracht werden kann. In seiner exzentrischen Perspektive erfährt der Mensch schließlich zusätzlich, wie sein Inneres über sein Äußeres hinaus greift, wie Gefühle und Gedanken[51] sich an Dinge ausserhalb seines Leibes richten und sogar inkorporieren können.

Einer der wichtigsten Schritte in der philosophischen Anthropologie ist es, die auf einander aufgebauten Schichten auch wieder in Kontakt zu bringen. So müssen die eigenen Realitäten des Leibes und des Bewusstseins mit ihrer Eigenräumlichkeit, Eigenzeitlichkeit und ihren eigenen Vollzugsmodi wieder in den konkreten Raum und Zeit der Umwelt transformiert werden. In dieser erscheint das Subjekt als Körper, es muss also sein Erleben und Bewusstsein verkörpern. Um sein Erleben in egal welcher Form zu äußern, über die Grenze des Körpers hinaus zu verlagern und für andere Subjekte zugänglich zu machen, dienen dem Subjekt physische Vermittlungen in Form von Sprache, Ausdruck und Darstellung, die auf leiblicher Ebene emphatisch und auf geistiger Ebene in Bedeutung und Sinn aufgenommen werden können. Hierzu hat Plessner zum Abschluss der *Stufen des Organischen* für den Menschen drei anthropologische Grundgesetze formuliert: Das Gesetz der natürlichen Künstlichkeit, das Gesetzt der vermittelten Unmittelbarkeit und das Gesetz des utopischen Standortes. Inwiefern diese „Grundgesetze" zwingend aus der exzentrischen Positionalität hervorgehen und eine ontologische Struktur darstellen oder lediglich „Interpretationen der menschlichen Äußerungen im Lichte der Exzentritätsthese"[52] sind, soll hier offenbleiben, da die Grundgesetze nicht mehr in den Umfang dieser Arbeit passen.

Plessner beschreibt die Subjekt-Objekt-Trennung von Körper und Geist als subjektive Perspektive eines exzentrisch positionalisierten Organismus auf den natürlich gegebenen Doppelaspekt. Die Perspektive des Geistes entwickelt er aus der physischen und leiblichen Bedingtheit, gleichwohl er die Emergenz eines Leibes im Körper ebenso unerklärt lässt, wie die Frage womit das Körper-Bewusstsein einen Funktionskreis bildet, der ein Selbst-Bewusstsein ermöglicht. Dafür stellt er auf diese Weise die gegenseitige Bedingtheit von Subjektivität, dessen Erleben und Geist als mit einander verbundene Teile des lebendigen Organismus dar. Der Leib ist ebenso durch die physische Grenze des Körpers begrenzt wie das Bewusstsein durch die Sinneseindrücke und Zustände[53] seines Leibes. Durch die phänomenologische

---
[51] Sozusagen die Sinneseindrücke des Bewusstseins
[52] Giamusso, S. 132
[53] z.B. Hunger, Rausch, Stimmung

Betrachtung des Geistes als Eigenschaft des belebten Dinges Mensch gelingt es, das Bewusstsein in seine physische und sinnliche Begrenztheit einzubetten. Einerseits ist das reflexive Subjekt durch seine strukturelle Unbestimmtheit vom Subjektpol genauso prinzipiell entfernt wie vom Objektpol, den es nur durch den Leib vermittelt wahrnimmt. Andererseits führt Plessner beide Aspekte als notwendige Bestandteile des Lebendigen, dessen grundlegende Eigenschaft im Gegensatz zu Unbelebtem es ist, zwischen Innen und Außen zu unterscheiden. Insofern interpretiert Plessner den Geist letztlich als Abbild des Lebens

4. Literatur

Csikszentmihalyi, Mihaly (2000). *Flow im Sport. Der Schlüssel zur optimalen Erfahrung und Leistung.* München: BLV.

Fischer, Joachim (2000). Exzentrische Positionalität. In: *Deutsche Zeitschrift für Philosophie*, 48, S. 265-288.

Gamm, Gerhard (2004). *Der unbestimmte Mensch.* Zur medialen Konstruktion von Subjektivität. Berlin: Philo.

Gamm, Gerhard, Manzei, A. & Gutmann, M. (2005). *Zwischen Anthropologie und Gesellschaftstheorie. Zur Renaissance Helmuth Plessners im Kontext der modernen Lebenswissenschaften.* Bielefeld: transcript.

Haucke, Kai (2000). *Plessner zur Einführung.* Hamburg: Junius.

Holz, Hans Heinz (1995). Die Systematik der Sinne. In: *Unter offenem Horizont. Anthropologie nach Helmuth Plessner.* Hrsg. von Jürgen Friedrich und Bernd Westermann. Frankfurt am Main: Peter Lang.

Jäger, Ulle (2004). *Der Körper, Der Leib und die Soziologie. Entwurf einer Theorie der Inkorporierung.* Königstein/Taunus: Ulrike Helmer.

Kant, Immanuel (1974). *Kritik der reinen Vernunft. Werkausgabe Bd. 3.* Wilhelm Weischedel (Hrsg). Frankfurt am Main: Suhrkamp.

Krüger & Lindemann, Gesa (2006). *Philosophische Anthropologie im 21. Jahrhundert.*

Meuter, Robert (2006). *Anthropologie des Ausdrucks. Die Expressivität des Menschen zwischen Natur und Kultur.* München: Fink.

Plessner, Helmuth (1928). *Die Stufen des Organischen und der Mensch. Einleitung in die philosophische Anthropologie.* In: Plessner, Helmuth: Gesammelte Schriften. Hrsg. von Günter Dux, Odo Marquard und Elisabeth Ströker. Band IV. Frankfurt. a. M.: Suhrkamp 1981.

Plessner, Helmuth (1941). Lachen und Weinen. In: Plessner, Helmuth: *Philosophische Anthropologie.* Hrsg.: Günter Dux. Frankfurt a. M.: Fischer 1970. S. 11-171.

Plessner, Helmuth (1948). Zur Anthropologie des Schauspielers. In: *Helmuth Plessner. Ausdruck und Menschliche Natur - Gesammelte Schriften VII.* Hrsg: Günter Dux (2003), Odo Marquard, Elisabeth Ströker. Frankfurt/Main: Suhrkamp

Plessner, Helmuth (1961): *Conditio humana.* Pfullingen: Neske.

www.ingramcontent.com/pod-product-compliance
Lightning Source LLC
LaVergne TN
LVHW092103060526
838201LV00047B/1544